Pequenos Livros sobre

Grandes Pessoas

FRIDA KAHLO

Título original em inglês: *Little Guides to Great Lives: Frida Kahlo*

Texto © 2018 Isabel Thomas
Ilustrações © 2018 Marianna Madriz

Isabel Thomas has asserted her right under the Copyright, Designs and Patents Act 1988, to be identified as the Author of this Work.

Tradução © 2021 Editora Blucher

The original edition of this book was designed, produced and published in 2018 by Laurence King Publishing Ltd., London under the title *Little Guides to Great Lives: Frida Kahlo*.

Tradução
Andréa Stahel

Coordenação editorial
Jonatas Eliakim

Produção editorial
Luana Negraes

Preparação de texto
Bárbara Waida

Diagramação
Adriana Aguiar Santoro

Revisão de texto
Bonie Santos

Adaptação de capa
Leandro Cunha

Blucher

Rua Pedroso Alvarenga, 1245, 4º andar
04531-934 – São Paulo – SP – Brasil
Tel.: 55 11 3078-5366
contato@blucher.com.br
www.blucher.com.br

Segundo o Novo Acordo Ortográfico, conforme 5. ed. do *Vocabulário Ortográfico da Língua Portuguesa*, Academia Brasileira de Letras, março de 2009.

Dados Internacionais de Catalogação na Publicação (CIP)
Angélica Ilacqua CRB-8/7057

Thomas, Isabel
Frida Kahlo / Isabel Thomas; ilustrações de Marianna Madriz; tradução de Andréa Stahel. – São Paulo : Blucher, 2021. (Série Pequenos Livros sobre Grandes Pessoas)
64 p. il. color.

Bibliografia
ISBN 978-65-5506-243-4 (impresso)
ISBN 978-65-5506-239-7 (eletrônico)

Título original: *Little Guides to Great Lives: Frida Kahlo*

1. Frida Kahlo (1907-1954). 2. Biografia – Literatura infantojuvenil. 3. Artistas – México – Biografia. 4. Pintoras – México – Biografia. 5. Arte. 6. Mulheres – Poder. I. Título II. Stahel, Andréa. III. Série

21-1104 CDD 927.5

Índice para catálogo sistemático:
1. Pintoras – México – Biografia

Pequenos Livros sobre
Grandes Pessoas

FRIDA KAHLO

Texto
Isabel Thomas

Illustrações
Marianna Madriz

Tradução
Andréa Stahel

Blucher

Frida Kahlo está entre os maiores artistas do México. Ela viveu em uma época de enormes mudanças em seu país e no mundo e foi casada com outro artista mexicano famoso, chamado Diego Rivera.

Mas quem foi a Frida Kahlo de verdade? Essa era a pergunta que ela tentava responder por meio de suas pinturas, incluindo inúmeros autorretratos – o equivalente à *selfie* para os artistas.

Frida quis mostrar uma "verdade maior" – não só sua aparência, mas também seus pensamentos, seus sentimentos e sua ligação com o México.

Esta é a história de como Frida se tornou mundialmente famosa pintando sempre a mesma coisa – ela mesma!

Frida nasceu em Coyoacán, no México, em 1907. Sua mãe era mexicana e seu pai era alemão.

Ela cresceu na Casa Azul, uma linda casa projetada por seu pai.

Frida tinha três irmãs – Matilde, Adriana e Cristina. Seu pai tinha também duas filhas do primeiro casamento.

Ao mesmo tempo que a vida começava para Frida, o México também experimentava um novo começo. Em 1910, teve início a Revolução Mexicana quando a população derrubou um ditador que estava no poder havia mais de trinta anos. Foi uma época violenta e muitas pessoas foram mortas.

Frida, aos 5 anos, assistia à luta na segurança de sua casa.

"Eu me lembro de assistir a uma batalha nas ruas. As balas passavam zunindo. Ainda consigo ouvir seu som extraordinário."

O espírito da Revolução Mexicana – a rebelião contra o poder e a luta por justiça – atraiu Frida. Ela tinha lembranças de se esconder em um grande guarda-roupa para cantar, em segredo, músicas revolucionárias.

Essas memórias e esses sentimentos permaneceram com ela pelo resto de sua vida. Frida até mudou sua data de nascimento para 1910, para coincidir com o ano de início da revolução!

A batalha não assustava Frida tanto quanto a doença de seu pai. Guillermo sofria de epilepsia, que a menina não entendia.

"Muitas vezes ele estava andando com sua câmera pendurada no ombro, segurando minha mão, e de repente caía. Aprendi como ajudá-lo quando esses ataques aconteciam na rua."

Quando não estava doente, o pai era amável e carinhoso. Ele adorava o jeito rebelde e atrevido de Frida.

Como todas as meninas mexicanas da época, as irmãs aprenderam a cozinhar, costurar e cuidar da casa. Mas não só isso. Guillermo achava que as meninas deveriam, como os meninos, receber uma boa educação, então matriculou Frida e Cristina em uma escola alemã na Cidade do México.

Infelizmente, uma tragédia se abateu muito cedo sobre a vida de Frida, em 1914 – ela tinha só seis anos de idade.

"Começou com uma dor horrível na minha perna direita, que se espalhou pelo músculo até meu pé..."

Frida contraiu poliomielite, uma doença que enfraquece os músculos e pode matar. Ela ficou nove meses de cama até se recuperar. Mesmo assim, sua perna direita ficou atrofiada e o pé direito parou de crescer adequadamente.

De repente, ela se sentia diferente de todas as outras pessoas e sozinha. Na escola, as crianças a apelidaram de "Frida pata de pelo!" [Frida perna de pau].

Frida começou a buscar conforto em sua própria imaginação...

"Na janela de meu velho quarto...
eu costumava bafejar em um dos vidros.
E com o dedo desenhava uma 'porta'...

Por essa 'porta' eu podia sair,
na minha imaginação, para onde minha amiga
imaginária estava sempre me esperando... E, enquanto
ela dançava, eu lhe contava meus problemas secretos."

Guillermo elaborou um plano de exercícios para ajudar Frida a ficar forte de novo.

Os exercícios funcionaram, e o andar de Frida melhorou. Embora uma das pernas continuasse mais fina e mais fraca, a menina ficou ainda mais destemida que antes.

Guillermo também ensinou a filha a usar sua câmera. A fotografia em cores ainda não havia sido inventada, então as fotos em preto e branco tinham de ser coloridas à mão. Frida adorava esse trabalho – ocupava toda a sua atenção e a impedia de pensar em outras coisas.

"Tive uma infância maravilhosa, porque meu pai, apesar de estar doente, era um exemplo extraordinário para mim: de carinho, de trabalho árduo e, acima de tudo, em sua compreensão de todos os meus problemas."

Aos 14 anos, a inteligente Frida passou em um exame para entrar na melhor escola do México. Apenas 35 dos 2 mil alunos eram garotas, mas Frida não tinha medo de ser diferente – na verdade, estava começando a gostar daquilo. Com frequência ela vestia roupas masculinas e cortava o cabelo curto.

Rapidamente, Frida fez um grupo de amigos inteligentes e criativos que gostavam das mesmas coisas que ela, como livros, jazz, poesia e socialismo. O grupo era conhecido como Cachuchas, nome que veio do tipo de boné que usavam.

Frida estava feliz e de bem com a vida. Ela começou a namorar um dos Cachuchas, chamado Alejandro.

Frida gostava de aprender sobre anatomia, biologia e zoologia. Ela queria estudar medicina e se tornar médica. Mas uma tragédia estava prestes a interferir novamente em seus planos.

O acidente, 17 de setembro de 1925

"Sentei ao lado do corrimão...
Pouco depois o ônibus colidiu com um bonde.
Todo mundo se machucou. Eu mais que qualquer outra pessoa..."

O corpo inteiro de Frida estava quebrado.

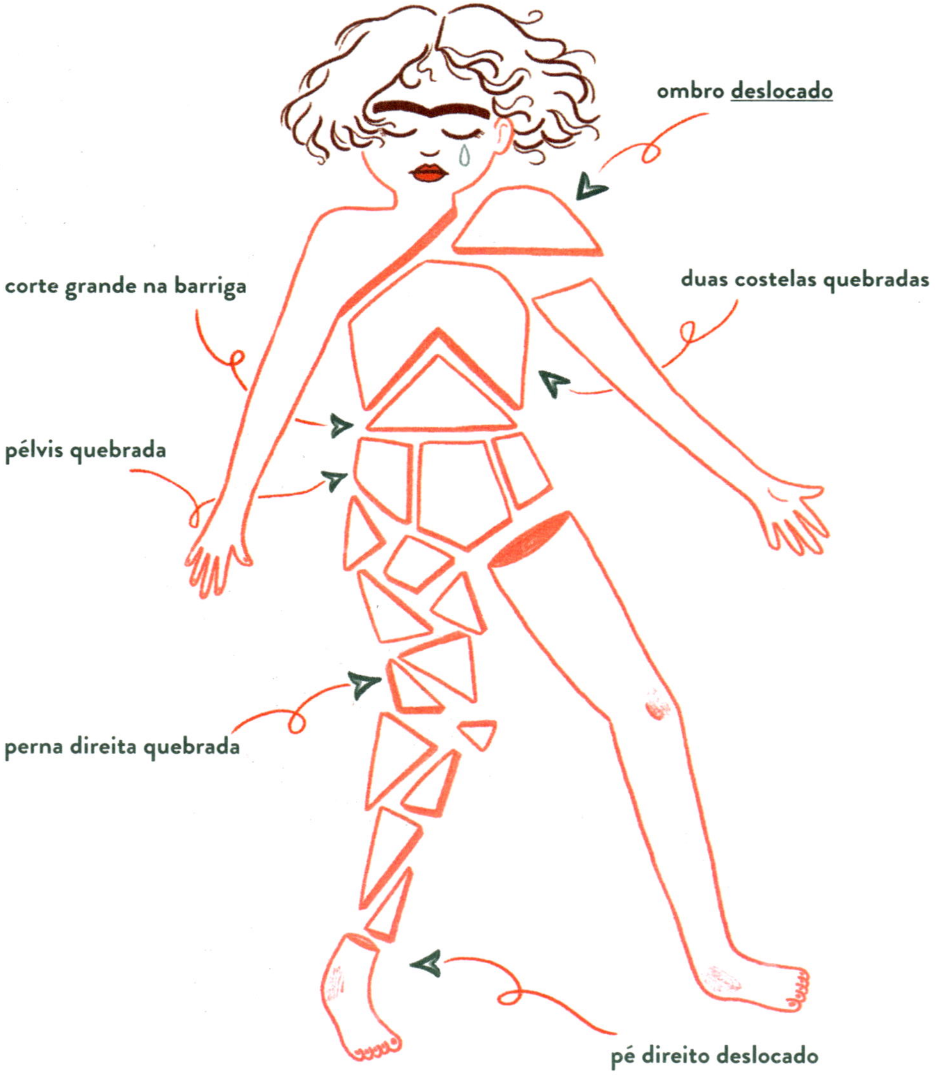

Muitas pessoas morreram no acidente, e os médicos achavam que Frida não sobreviveria.

Todos se surpreenderam quando Frida começou a melhorar. Mas sua vida nunca mais seria a mesma.

Frida ficou presa na cama por três meses. Apesar de a dor, a morte e a tristeza estarem frequentemente em seus pensamentos, seu amor pela vida e seu humor rapidamente vieram à tona.

Terça-feira, 13 de outubro de 1925

Querido Alejandro, você sabe melhor que qualquer um como estou triste neste chiqueiro de hospital...

Todo mundo diz que não devo me desesperar, mas ninguém sabe o que significa para mim ficar três meses em uma cama...

Bem, pelo menos a Pelona [a Morte] não veio me buscar!

Embora Alejandro não a visitasse, outros amigos faziam companhia a Frida. Ela também lia tudo que caía em suas mãos – livros sobre poesia, filosofia, política e arte.

Frida parecia ter se recuperado totalmente, mas um ano depois ela precisou voltar ao hospital. Os médicos descobriram que três de suas vértebras não estavam no lugar certo. Para corrigir o problema, ela teria de ficar nove meses de repouso, usando coletes de gesso para manter a coluna imóvel.

Embora seu sonho de ser médica tivesse acabado, Frida sentia uma enorme energia interior. E queria fazer alguma coisa com isso.

O pai de Frida emprestou-lhe suas tintas, e a mãe mandou fazer um cavalete especial para que a filha pudesse pintar deitada. Frida começou a pintar seus amigos, suas irmãs e – com a ajuda de um espelho fixado no teto – ela mesma.

Quando finalmente se livrou do gesso, Frida tinha 20 anos e estava pronta para aproveitar a vida novamente. Ela decidiu se dedicar à arte. Passara a ser obcecada por pintar as coisas exatamente do modo como as via.

Mais uma vez, Frida fez um grupo de amigos que compartilhavam de suas paixões – artistas mexicanos que gostavam de discutir política e queriam ver uma sociedade mais justa.

Frida entrou para o Partido Comunista Mexicano e passou a usar um broche com seu símbolo preso às roupas.

Por meio de seus novos amigos artistas, Frida conheceu alguém que mudaria sua vida de modo tão drástico quanto o acidente de ônibus.

Diego Rivera
1886–1957
famoso pintor mexicano

O novo governo mexicano estava tentando unir o país. Eles contrataram Diego para pintar <u>murais</u> gigantes que celebravam a arte, a cultura e as tradições populares mexicanas, em vez da arte e da história europeias. Os murais não eram apenas obras de arte bonitas – eles estavam carregados de informação.

Frida não se intimidou com a fama de Diego e resolveu descobrir o que um artista sério achava das pinturas dela.

Diego se lembraria daquele momento para sempre, especialmente das sobrancelhas marcantes de Frida, que se uniam acima de seu nariz.

Mas o que mais o surpreendeu foram suas pinturas. Ele as achou honestas e reais. Frida o convidou para ver mais obras suas, e eles logo se apaixonaram. Diego até pintou Frida em um de seus murais.

Frida ficou noiva de Diego, mas a família dela não estava contente. Eles pensavam em inúmeras razões pelas quais Frida não deveria se casar com ele.

Quando finalmente se casaram, em 1929, só o pai de Frida foi ao casamento.

No início, Frida adorou sua nova vida. Ela passou a se vestir com trajes tradicionais mexicanos todos os dias, criando uma identidade diferente para si. E pintava mais do que nunca. Diego a inspirava. Seu reconhecimento a fez acreditar que ela também poderia se tornar uma artista profissional.

Mas as coisas logo deixaram de correr bem. O casal se mudou para São Francisco, nos Estados Unidos, onde Diego foi contratado para pintar um mural. Ele gostava de lá, mas Frida se sentia sozinha. Diego estava sempre em festas e encontros, enquanto ela tinha dificuldade em fazer amizades.

Em São Francisco, Frida enfrentou novamente uma tragédia, quando sofreu um aborto em sua primeira gravidez. Seu corpo havia sido tão afetado no acidente de ônibus, disseram os médicos, que ela provavelmente nunca conseguiria ter um bebê. Frida ficou arrasada.

Frida ficou contente quando Diego teve de voltar ao México para trabalhar. Ela adorava estar de volta aos maravilhosos cenários, sons e cheiros do país.

Eles começaram a construir uma casa nova magnífica, mas pouco depois Diego retornou aos Estados Unidos – dessa vez, foi para Nova York. Frida não quis ficar sozinha no México, então foi com ele.

Diego adorava Nova York, mas, de novo, Frida estava infeliz e com saudade de casa. Ela criou uma colagem pouco favorável da cidade, mostrando tudo que detestava ali...

"Os americanos
vivem como
se estivessem
em um enorme
galinheiro sujo e
desconfortável...

... os ricos moram
luxuosamente bem ao
lado de desabrigados
e da pobreza...

... pessoas fingem
ser o que não são...

... a única coisa
colorida são
minhas roupas
mexicanas..."

O mural seguinte de Diego foi em Detroit – uma cidade de fábricas e máquinas. Era uma região muito mais pobre dos Estados Unidos, mas Frida e Diego a acharam mais acolhedora que Nova York.

Porém, enquanto Diego pintava uma de suas maiores obras-primas, Frida se recuperava da perda de outro bebê.

Nessa época, ela pintou como nunca. Seus autorretratos mostravam os pensamentos e as imagens terríveis que giravam em sua cabeça. Ela não tinha medo de pintar sua desolação e sua dor.

Até Diego estava impressionado. Ele disse: “Nunca nenhuma mulher colocou tanta tristeza poética em uma tela como Frida”.

Finalmente, em 1933, Frida e Diego voltaram a morar no México, em seu novo lar. Parecia mais um objeto de arte que uma casa, com dois cubos separados ligados por uma ponte.

Frida morava no cubo menor. Ela o encheu de animais exóticos, incluindo macacos-aranha atrevidos, filhotes de cervo fofinhos, pássaros e minúsculos cães pelados-mexicanos, os xoloitzcuintle.

Mas a felicidade de Frida não durou muito. Em 1934, enquanto se recuperava de uma cirurgia, ela descobriu que Diego estava tendo um caso com a irmã mais nova dela, Cristina.

Frida saiu de casa e se mudou para um pequeno apartamento na Cidade do México. Ela não tentou esconder seu sofrimento. Em vez disso, pintou-o.

Ela até começou um novo relacionamento, com um brilhante escultor. Mas, lá no fundo, ainda amava Diego...

Mesmo tendo de aguentar
infinitas explosões um do outro,
portas batendo, insultos furiosos
e telefonemas vindos do outro lado
do mundo, sempre nos amaremos.

As pinturas de Frida ficavam cada vez mais intensas conforme ela encontrava novos modos de mostrar suas preocupações e suas emoções.

Em muitos de seus autorretratos, ela deixou um fundo simples e vazio, para mostrar o quanto se sentia sozinha.

Por fim, Frida voltou para Diego, que continuava a incentivar sua pintura. Em 1938, ela fez sua primeira exposição solo, na Levy Gallery, em Nova York.

Foi um grande sucesso – os críticos adoraram e novas pinturas foram encomendadas. Frida estava ganhando dinheiro com seus quadros e se tornando uma estrela!

Logo depois, ela foi convidada para expor suas pinturas em Paris, onde sua obra causou grande impacto. O Louvre, o maior e mais famoso museu do mundo, comprou um dos quadros de Frida!

Até Picasso, um dos artistas mais famosos da Europa, deu a Frida um par de brincos para mostrar seu respeito.

Algumas pessoas consideravam as pinturas de Frida surrealistas. Esse tipo de arte tentava mostrar o que realmente se passava na cabeça das pessoas, e muitas vezes parecia mais com sonhos que com a vida real. Mas Frida não concordava.

Frida estava tentando pintar a vida tal como a experimentava. Pintava autorretratos porque ela era a pessoa que ela conhecia melhor.

Em 1939, o mundo estava uma confusão, e a vida de Frida também.

Ela voltou de Paris e soube que Diego e Cristina estavam juntos de novo. Em dezembro de 1939, quando começou a Segunda Guerra Mundial, Frida e Diego se divorciaram.

Às vezes, Frida ficava desesperada.

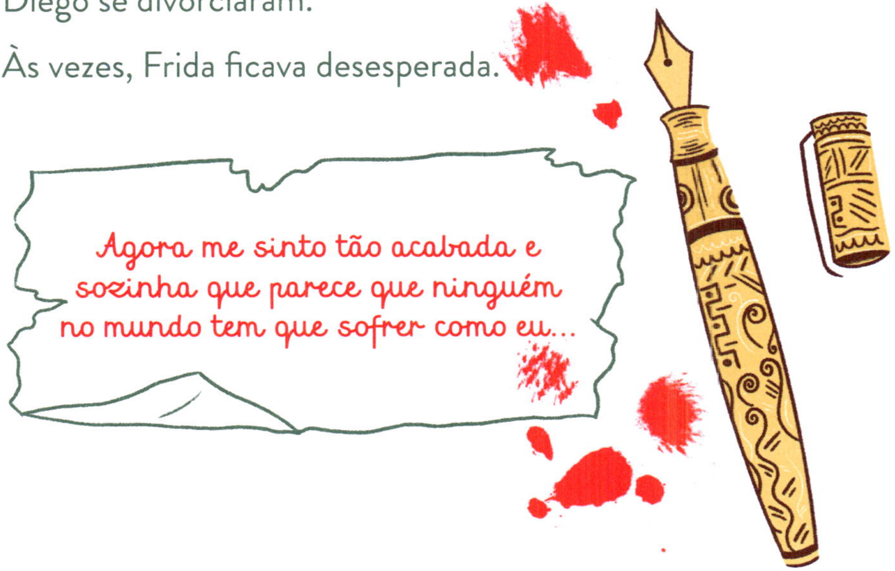

Em outros momentos, enchia-se de esperança para o futuro. Pintava a si mesma repetidas vezes, encontrando diferentes maneiras de mostrar seus sentimentos.

Em *As duas Fridas*, Frida está de mãos dadas consigo mesma. Ela mostra a si mesma antes e depois de Diego tê-la amado, e como usa a força interior para curar suas feridas, assim como sua amiga imaginária a havia ajudado a ficar firme quando era criança.

Em *Autorretrato com cabelo cortado*, Frida cortou seu longo cabelo e veste um terno masculino. Ela mostra que é independente e está pronta para a liberdade de uma nova vida.

Em 1940, Frida visitou São Francisco, onde voltou a ver Diego, que lhe pediu para se casarem novamente. Ela concordou, com a condição de poder continuar independente.

Frida agora era uma artista de sucesso, e a vida estava mais tranquila, mas sua saúde piorava à medida que sua coluna enfraquecia. Ela era obrigada a passar a maior parte do tempo em casa, então encheu-a de árvores, flores, belas peças de artesanato mexicano e animais de estimação.

Muitos dos animais de Frida apareciam nos seus autorretratos, assim como as plantas e as paisagens mexicanas.

Conforme sua fama crescia, Frida foi convidada a ser professora de pintura na Escola Nacional de Pintura e Escultura do México.

Diferentemente da maioria dos professores, ela não pedia que os alunos copiassem quadros famosos. Em vez disso, lhes mostrava a vida mexicana de verdade.

Ela os levava para passear no seu lindo jardim e em mercados coloridos, <u>favelas</u> paupérrimas e lugares históricos interessantes. Chegou até a providenciar para que seus alunos pintassem o próprio mural na rua.

Quando Frida ficou doente demais para poder ir à universidade, os alunos iam à sua casa para ter aulas.

Frida tinha apenas 37 anos, mas suas costas estavam tão fracas que ela mal conseguia se sentar ou ficar em pé. Com frequência, não conseguia fazer nada além de ficar deitada na cama usando um colete de aço. Frida começou um diário com esboços, colagens e textos. Como em suas pinturas, ela tentava expressar seus pensamentos e sentimentos mais profundos, mesmo que parecessem não fazer sentido.

Yo soy la DESINTEGRACIÓN....

Em 1946, o Ministério da Educação do México concedeu a Frida um prêmio por um de seus quadros. Embora estivesse sempre com muita dor, ela foi à cerimônia de premiação e continuava a pintar.

Em *Árvore da Esperança*, ela pintou duas versões de si mesma: a Frida do lado de fora, deitada em uma cama de hospital à beira de um precipício...

... e a Frida do lado de dentro, vestida com lindas roupas, sentada e segurando uma bandeira com a inscrição "Árvore da Esperança, mantenha-se firme".

A pintura mostra que, mesmo nos momentos mais difíceis, ela conseguia encontrar coragem dentro de si.

Nunca perdi o ânimo. Passava o tempo todo pintando.

Nos últimos anos de sua vida, as pinturas de Frida mostram a frequência com que pensava na morte. Mas ela ainda dava um jeito de encontrar esperança e força.

Em 1953, Frida fez sua primeira exposição solo no México. Ela estava determinada a não perder o evento e chegou de ambulância, recepcionando os visitantes deitada em uma cama no meio da galeria.

Em 1954, a saúde de Frida estava pior do que nunca. Mas ela continuou lutando por um mundo mais justo e pacífico, segurando uma faixa com a pomba da paz em uma manifestação política. Frida morreu onze dias depois, em 13 de julho de 1954.

Desde sua morte, Frida ficou ainda mais famosa. Hoje seus quadros são vendidos por milhões, e há cópias deles penduradas em casas no México e no mundo inteiro. Livros e filmes celebram sua vida.

Frida fez pequenas pinturas com grandes temas. Elas nos mostram que tristeza, dor e perda são partes normais da vida. Mas também mostram como a coragem, a esperança e a paixão que temos dentro de nós podem nos ajudar a aguentar qualquer coisa que a vida ponha em nosso caminho.

Um dos últimos quadros de Frida retratava melancias coloridas, com sua mensagem final para o mundo – “Viva a vida”.

VIVA LA VIDA
Frida Kahlo

LINHA DO TEMPO

1907
Magdalena Carmen Frieda Kahlo y Calderón nasce em Coyoacán, México, em 6 de julho. Ela é conhecida como "Frida".

1910
Começa a Revolução Mexicana. O impacto na pequena Frida é tanto que, mais tarde, ela reivindica 1910 como o ano de seu nascimento.

1914
Frida contrai poliomielite e, para se recuperar, tem de passar os nove meses seguintes de cama.

1927
Finalmente livre do gesso, Frida entra para o Partido Comunista Mexicano.

1928
Frida conhece o famoso pintor mexicano Diego Rivera. Eles se casam no ano seguinte.

1930
Os recém-casados se mudam para São Francisco. Frida está infeliz e com saudade de casa.

1933
Finalmente, Frida e Diego voltam para o México e se mudam para a casa nova.

1938
Frida faz sua primeira exposição solo em Nova York, na Levy Gallery, que é um grande sucesso!

1939
Frida pinta *As duas Fridas*, um de seus quadros mais conhecidos. Frida e Diego se divorciam.

1946
O Ministério da Educação do México premia Frida por *Moisés*. Ela pinta *Árvore da Esperança*.

1953
Frida faz sua primeira exposição solo no México, recepcionando os visitantes deitada em uma cama no meio da galeria.

1954
Frida morre em 13 de julho, com apenas 47 anos.

1922
Frida se matricula na Escola Nacional Preparatória, onde gosta de estudar anatomia, biologia e zoologia.

1925
Em 17 de setembro, Frida sofre um acidente de ônibus na Cidade do México. Fica muito machucada e, de novo, tem de passar meses de cama. Ela parece ter se restabelecido totalmente...

1926
... mas, um ano depois, os médicos descobrem problemas em sua coluna, e ela fica de cama por mais nove meses. Frida começa a pintar para passar o tempo, criando seu primeiro autorretrato.

1931
O casal volta para o México por cinco meses e começa a construir uma nova casa, mas logo voltam para os EUA, indo dessa vez para Nova York. Frida pinta *Meu vestido pendurado ali*.

1932
Frida e Diego se mudam para Detroit.

1940
Depois do divórcio, Frida pinta, em resposta, *Autorretrato com cabelo cortado*. Volta a se casar com Diego neste mesmo ano, mas com a condição de permanecer totalmente independente.

1943
Frida pinta *Autorretrato com macacos* e se torna professora de pintura na Escola Nacional de Pintura e Escultura do México.

1944

Com a saúde piorando, Frida com frequência é obrigada a ficar deitada vestindo um colete de aço. Para mostrar sua dor, ela pinta *A coluna partida*.

Atualmente
Frida Kahlo é lembrada por seus incríveis autorretratos, seu estilo colorido de se vestir e sua coragem diante das adversidades.

GLOSSÁRIO

anatomia – o estudo dos corpos de humanos, animais e outros organismos vivos.

biologia – o estudo de todas as coisas vivas da Terra, incluindo como e por que elas existem e os fatores que influenciam seu desenvolvimento.

cavalete – estrutura feita para apoiar uma obra enquanto o/a artista está trabalhando nela.

comunismo – teoria política baseada na crença de que toda a riqueza deve ser compartilhada e todos devem ser tratados de forma igualitária.

comunista – pessoa que acredita no comunismo. Em geral, comunistas pertencem a um Partido Comunista.

deslocar – forçar um osso para fora de sua posição normal.

ditador – líder político que tem controle total sobre um país e, muitas vezes, mantém esse controle pela força.

epilepsia – distúrbio cerebral que causa momentos repentinos de tremor violento e incontrolável, conhecidos como convulsões.

favela – área de uma cidade onde as pessoas vivem em condições precárias.

gringo – termo utilizado nos países latino-americanos para se referir a um estrangeiro, em geral um estadunidense.

mural – extensa obra de arte, em geral uma pintura, feita diretamente em uma parede ou um muro.

poliomielite (pólio) – doença grave que enfraquece os músculos. Não há cura, mas pode ser prevenida com vacina.

revolução – destituição agressiva de um líder ou governo por um grupo de pessoas que acham que outra pessoa deveria estar no poder. Revoluções muitas vezes são acompanhadas de um período de violência e agitação.

socialismo – teoria social baseada na ideia de que as terras e os negócios devem pertencer à comunidade como um todo, e não a indivíduos.

surrealismo – movimento artístico do século XX que explorou sonhos e seu poder de revelar nossos pensamentos e desejos mais íntimos.

vértebras – grupo de 33 pequenos ossos que estão empilhados uns sobre os outros para formar a coluna vertebral. As vértebras protegem a medula espinhal e suportam o peso do corpo.

zoologia – o estudo dos animais, incluindo sua estrutura, seu comportamento e seu hábitat.

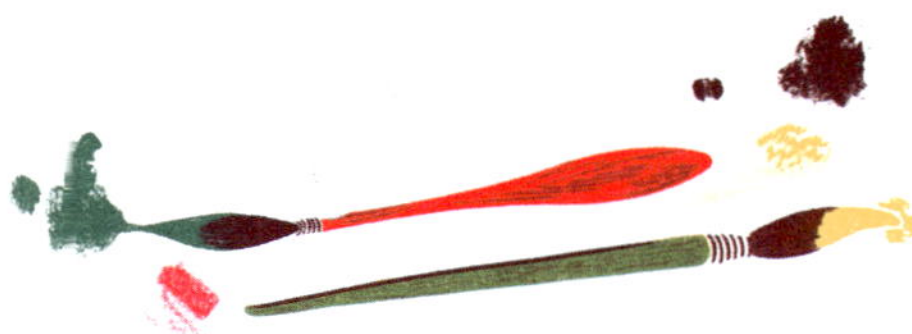

TRADUÇÕES

p. 53: "Yo soy la desintegración" significa "Eu sou a desintegração".
p. 57: "Despierta Corazón Dormido" significa "Acorde, coração adormecido".

ÍNDICE REMISSIVO

CRÉDITOS

Fotografia da página 61: cortesia de Granger Historical Picture Archive/Alamy Stock Photo.